BLUE BOOK OF AIRCAR

飞行汽车发展蓝皮书

中国汽车工程学会　著

人民交通出版社
北京

内 容 提 要

本书是国内第一本飞行汽车发展研究报告，内容包括飞行汽车的发展概述、战略意义、问题瓶颈、核心技术、未来愿景及发展建议。

本书可供低空经济相关管理部门、科研院所、企业等机构人员参考，也适合对飞行汽车感兴趣的读者阅读与学习。

图书在版编目（CIP）数据

飞行汽车发展蓝皮书 / 中国汽车工程学会著．

北京：人民交通出版社股份有限公司，2024.9．

ISBN 978-7-114-19724-6

Ⅰ．F426.5

中国国家版本馆 CIP 数据核字第 202426Q722 号

Feixing Qiche Fazhan Lanpishu

书　名：	飞行汽车发展蓝皮书
著 作 者：	中国汽车工程学会
责任编辑：	刘　洋　刘捃梁
责任校对：	赵媛媛　龙　雪
责任印制：	张　凯
出版发行：	人民交通出版社
地　　址：	（100011）北京市朝阳区安定门外外馆斜街3号
网　　址：	http://www.ccpcl.com.cn
销售电话：	（010）59757973
总 经 销：	人民交通出版社发行部
经　　销：	各地新华书店
印　　刷：	北京建宏印刷有限公司
开　　本：	710×1000　1/16
印　　张：	2.5
字　　数：	29千
版　　次：	2024年9月　第1版
印　　次：	2024年9月　第1次印刷
书　　号：	ISBN 978-7-114-19724-6
定　　价：	38.00元

（有印刷、装订质量问题的图书，由本社负责调换）

编写委员会

顾　问

项昌乐　张进华　侯福深　李　丹

主　笔

张扬军　公维洁

编写组成员

薛傅龙	王伟达	郑　华	杨世春	左世全	吕人力	曲小波
李纪珍	陈　鹏	招启军	周　源	王贺武	战静静	金　伟
徐　萌	杨彦鼎	冯锦山	李晓龙	曹　静	李　颖	吕　颖
曹蕴涛	郭　亮	吴传洋	仇明全	田　瑜	蒋瑜涛	张　磊
李　浪	张学新	杨茉莉	王玉焕	徐　萌	王佳利	侯之超
彭　杰	钱煜平	于　一	赵立金	马　晓	明平文	徐梁飞
苗仲桢	黄　晋	王　凯	李奥勇	丹　聃	徐　彬	谢　翌
田　云	谷海洁	王楠楠	胡桂新	郝　佳	王　云	王旭飞
张令军	方　涛	刘宇杰	程建康	马泽江	李志虎	

BLUE BOOK
OF AIRCAR

联合发起单位与支持单位

联合发起单位

清华大学智能绿色车辆与交通全国重点实验室
工业和信息化部装备工业发展研究中心
交通运输部科学研究院
北京理工大学机械与车辆学院
中国航空学会

支 持 单 位

中国第一汽车集团有限公司高端汽车集成
与控制全国重点实验室

CONTENTS
目录

第一章　发展概述 ··· 1
　　第一节　发展历史 ··· 2
　　第二节　发展现状 ··· 3
　　第三节　行业定义 ··· 4
　　第四节　结构组成 ··· 5

第二章　战略意义 ··· 7
　　第一节　飞行汽车是电动汽车智能化和立体化的必然发展 ········ 8
　　第二节　飞行汽车是电动航空发展的突破口和重要抓手 ·········· 9
　　第三节　飞行汽车是具有全局带动和重大引领作用的
　　　　　　未来产业 ··· 10

第三章　问题瓶颈 ··· 13
　　第一节　主要问题 ··· 14
　　第二节　关键瓶颈 ··· 16

第四章　核心技术 ··· 19
　　第一节　动力技术 ··· 20

| | 第二节 | 平台技术 …………………………………………… | 20 |
| | 第三节 | 交通技术 …………………………………………… | 21 |

第五章　未来愿景 ………………………………………………… 23
  第一节　飞行汽车 1.0 发展阶段 …………………………… 24
  第二节　飞行汽车 2.0 发展阶段 …………………………… 25
  第三节　飞行汽车 3.0 发展阶段 …………………………… 25

第六章　发展建议 ………………………………………………… 27
  第一节　明晰飞行汽车发展的技术路线 ………………… 28
  第二节　强化飞行汽车产业的需求牵引 ………………… 28
  第三节　突破飞行汽车发展的核心技术 ………………… 29
  第四节　创新飞行汽车发展的产业形态 ………………… 29
  第五节　制定飞行汽车相关的政策法规 ………………… 30

BLUE BOOK
OF AIRCAR

第一章

发展概述

第一节　发展历史

自一百多年前发明汽车和飞机以来，人们就一直探索将两者结合起来，设计兼具地面行驶和空中飞行功能的汽车。飞机使人们实现了翱翔天际的梦想，但还无法像汽车一样贴近大众的生活，实现交通出行的最大便利性。让汽车飞起来的百年探索主要发生在美国，传统汽车和飞机结合的飞行汽车结构复杂，使用场景受限，主要局限于飞行梦想家的小范围实践。

1917年，"飞行汽车之父"柯蒂斯（Curtiss）尝试研制人类第一款飞行汽车。1939年，泰勒·霍华德（Taylor Howard）设计并制造了第一辆具备可拆卸机翼的飞行汽车原型。此后数十年，飞行汽车的创新探索不断，但难以实现商业化生产，直到1991年第一款垂直起降飞行汽车问世，人类对飞行汽车的研究取得了新突破。2016年，优步（Uber）公司发布了《快速飞入城市空中交通白皮书》，电动垂直起降飞行器（electric Vertical Take-off and Landing, eVTOL）正式成为"空中出租车"的主要形式。2021年，通用汽车在2021年国际消费类电子产品展览会（International Consumer Electronics Show，CES）上发布了凯迪拉克飞行汽车和电动穿梭概念车。2023年，Alef Aeronautics宣布其飞行汽车Model A已获得美国联邦航空管理局（Federal Aviation Administration, FAA）颁发的特殊适航认证。

近年来，飞行汽车在中国也得到了积极发展。在中国民用无人机产业引领全球的大背景下，广州亿航在2016年国际消费类电子产品展会（CES 2016）上，发布了其于2012年开始研发的"亿航184"载客无人机。为此，美国著名科技杂志《大众机械》（*Popular Mechanics*）在杂志封面预言"飞行汽车（Aircar）即将面世"。自此之后，电动垂直起降飞行器常被称为"飞行汽车"。2017 年，中国吉利收购美国太力（Terrafugia），标志着中国汽车企业正式进军飞行汽车。近年来，中国在飞行汽车研制领域取得了一系列显著成就。太力飞车 Transition（TF-1）作为陆空两栖的狭义飞行汽车产品，在 2019 年首次获得美国联邦航空管理局颁发的轻型运动类航空器适航证。2022 年 11 月 17 日，全球首款载人级两座智能分体式飞行汽车工程样车在重庆发布，这款飞行汽车由中国工程院院士项昌乐团队研发。2023 年 10 月 13 日，亿航 EH216-S 无人驾驶载人航空器获得由中国民用航空局颁发的标准适航证，成为全球首个获得适航证的无人驾驶载人电动垂直起降飞行器。2023 年 10 月 24 日，小鹏汇天发布"陆地航母"分体式飞行汽车和陆空一体式飞行汽车。

第二节　发展现状

进入 21 世纪，人们在电动化和智能化的全新技术体系下，在低空智能交通的全新应用场景中，重新探索飞机和汽车的结合方式。

技术推动方面，汽车电动化、智能化技术的发展，为航空电动化和智能化技术的发展奠定了较好的基础，促使航空飞行器设计正在发生革命性的变化。基于电动化技术的垂直起降飞行器（eVTOL）可以实现分布式推进，特别是电动涵道风扇和电动涡轮的技术进步，能够大幅提高安全冗余度、有效降低噪声和成本；而智能化技术的应用将突破飞行器规模化和大众化应用的驾驶瓶颈，并有效避免人工驾驶导致的安全性问题。载物和载人电动垂直起降飞行器（eVTOL）成为航空业大众化的重大历史机遇，其将同汽车一样成为具有大众化属性的交通运载工具。

需求牵引方面，飞行汽车的主要应用场景是"低空智能交通"，即城市空中交通和城乡空中交通。交通拥堵已成为当今各大城市普遍面临的难题，传统的修建高架道路和地下隧道等举措，已难以有效解决城市拥堵的交通流网络化效应问题，迫切需要利用城市空中交通来缓解地面交通拥堵问题。在我国实施乡村振兴战略的背景下，发展城乡空中交通被认为是打通农产品上行和工业品下行双向通道的有效措施之一。同时，在个性化消费市场上，大众消费升级所带来的个性化出行需求也成为驱动飞行汽车发展的重要因素。

中国飞行汽车在低空经济政策引导下有望加速发展。当前，低空经济已被纳入新质生产力范畴并在2024年全国两会首次被写入政府工作报告。2023年12月11日，中央经济工作会议明确提出打造低空经济等若干战略性新兴产业，2024年3月5日《政府工作报告》提出积极打造低空经济等新增长引擎。低空经济是电动化、智能化、大众化低空飞行活动的综合经济形态，通过科技创新形成新质生产力，成为科技含量高、带动作用强、成长空间大的新兴产业及未来产业。无人机在低空经济初级阶段发展中起着主导作用，飞行汽车正成为低空经济的新热点，将推动低空经济发展到万亿级以上的高级阶段，是低空经济发展的战略方向。

第三节　行业定义

经过一百多年的发展，飞行汽车已由最初某些飞行梦想家的小范围实践，发展到受到航空和汽车两大领域的重视，并成为资本市场和新兴科技公司关注的热点。飞行汽车的定义，也因成为面向低空智能交通的新型大众化交通运载工具而具有了全新的内涵。

狭义的飞行汽车，是指面向智慧立体交通、具有飞行功能的陆空两栖汽车。广义的飞行汽车，是指面向低空智能交通和立体智慧交通的运载工具，主要包括陆空两栖汽车和电动垂直起降飞行器（eVTOL）两大类型。即"车"是大众化出行的交通工具，面向低空智能交通的大众化电动垂直起降飞行器（eVTOL）亦可称为飞行汽车。

电动（纯电动/混合电动）、垂直起降和智能推进是飞行汽车的三大基本特征。电动垂直起降，是使汽车"飞"起来的核心，是飞行汽车的核心关键技术和重要发展阶段。飞行汽车在技术上可行，需求客观存在，并在交通便捷性方面具有不可取代的地位，未来的汽车将"飞"起来。人类正在跨入电动汽车时代，即将迎来智能汽车时代，飞行汽车则是汽车电动化、智能化、立体化的必然发展趋势。

面向低空智能交通的电动垂直起降飞行器（eVTOL），通俗地称为飞行汽车。因其有利于打造产业生态且易于传播，使用频率越来越高，使用范围越来越广。与传统通航飞行器量级不同，其大众化发展将接近汽车量级；规模化发展要求低成本，其生产和供应链要充分利用汽车工业；协同化发展要求陆空一体，低空智能交通与地面智能交通相互融合。

第四节　结构组成

飞行汽车的结构组成随着电动化及智能化技术的发展与融合、智能交通设施的不断发展而变化。因此，飞行汽车是一个复杂的综合技术集成体，可实现高效、节能、安全的城市立体交通出行和特殊条件下的交通畅通。

飞行汽车通常搭载先进的多源异构传感器、控制器、执行器、计算平台等装置，融合车辆、航空、机械、电子、控制、材料、信息、交通、通信等多学科内容，通过建立多方协作机制，聚焦车辆动力学、动力与驱动系统、多域机动平台、电动垂直起降飞行器、无人驾驶等共性技术和前沿技术。飞行汽车整车结构涉及多个部分，主要包括飞行驱动系统、地面行驶系统、复合材料机身、能源系统、航电系统、控制系统、智能驾驶及通信系统。

第二章

战略意义

第一节　飞行汽车是电动汽车智能化和立体化的必然发展

当前人类正在跨入电动汽车时代，我国电动汽车发展取得了巨大成就，成为全球最大的电动汽车市场，电动乘用车累计销量占全球45%，电动公交和电动卡车销量占全球90%以上，是推动世界汽车发展转型的重要力量之一。电动汽车是新技术应用的重要载体，随着信息通信、互联网、大数据、云计算、人工智能等新技术在电动汽车领域广泛应用，电动汽车正加速智能化发展，预计将在2030年左右迎来地面智能交通的智能汽车时代。目前飞行汽车的技术和应用场景更优先支持电动垂直起降飞行功能属性，突出飞行模式优势。随着智能交通技术和设施的不断发展，地面智能交通和低空智能交通将跨界渗透和融合发展，电动垂直起降飞行功能必将在智能化的电动汽车上得到实现和强化，使其立体化为具有陆空两栖功能的电动垂直起降飞行器即陆空两栖飞行汽车，人类将在全新的智慧出行交通体系下重新回归并实现关于汽车"飞"起来的梦想。

陆空两栖飞行汽车是电动汽车智能化和立体化的必然发展，是未来汽车科技的竞争前沿。由于技术论证可行、需求客观存在，且在交通便捷性方面具有不可替代性，立体化的陆空两栖飞行汽车将是汽车未来的必然发展方向。第一，技术论证可行。电动化和智能化技术的发展，将成功突破电动垂直起降和空中智能无人驾驶等核心关键技术，使汽车"飞起来"在技术上成熟可行。另外，电动化和智能化技术的发展，使飞行汽车作为未来立体交通的大众化运载工具在技术上成为可能。第二，需求客观存在。交通拥堵是人类城市化发展面临的最大瓶颈，传统的修路、架桥和建隧道等方法，不能有效解决交通流网络化效应问题。飞行汽车将交通路径从地面拓展到低空，充分利用了立体交通空间，可有效解决交通拥堵问题。第三，具有不可替代性。人类总是在不断追求便捷性，飞行汽车能够更方便快捷地实现陆空交通的快速切换，相较于传统的地面和空中交通工具换乘，在交通便捷性方面具有不可替代性。飞行汽车已成为汽车发展的战略方向，代表了交通领域新一轮科技革命和产业变革的发展方向。

第二节　飞行汽车是电动航空发展的突破口和重要抓手

电动航空被称为第三次航空技术革命，是航空技术和产业的革新方向。莱特兄弟（Wright Brothers）发明的活塞式动力飞机首飞，实现了航空飞行器的有动力飞行，被称为第一次航空技术革命，标志着人类进入航空时代。第二次世界大战时期喷气式动力飞机的出现，实现了航空飞行器的高速飞行，被称为第二次航空技术革命。电动航空飞行器的出现开启了航空领域新一轮创新与变革热潮，是航空业绿色化发展、应对全球环境挑战的重要举措，更是今后国际航空科技竞争的制高点。汽车电动化技术的发展，为航空电动化技术的发展奠定了较好的基础，促使航空飞行器设计正在发生革命性的变化。

低空载物和载人电动垂直起降飞行器将开启低空智能交通新时代。低空智能交通的规模将比传统通用航空大 1~2 个数量级，体现出"新通航"的大规模业态优势，将成为低空经济科技革命和产业变革的引领者。面向低空智能交通的载物或载人电动垂直起降飞行器，将和汽车一样成为具有大众化属性的新型交通运载工具，是航空业大众化的重大历史机遇。

电动航空发展将历经短途运输、支线运输和干线运输的发展阶段，飞行汽车是短途运输电动航空飞行器的主导类型。飞行汽车相对于大中型电动飞机，具有技术难度小、需求规模大、产业融合度高的优势。飞行汽车是电动航空的突破口和重要抓手，百千瓦级至兆瓦级电动化技术发展，为十兆瓦级乃至更大功率等级电动航空飞行器的发展奠定了重要基础。

第三节　飞行汽车是具有全局带动和重大引领作用的未来产业

飞行汽车是颠覆性未来新技术应用的主要载体和重要场景。无论是仅具飞行功能的电动垂直起降飞行器，还是具备陆空两栖运动功能的电动垂直起降飞行器。飞行汽车作为具有低空智能交通功能的三维立体交通运载工具，除了是汽车产业技术和航空产业技术的"双向奔赴"、融合交叉之外，还将融合大量航空和汽车之外的技术，成为能源、材料、信息技术等领域颠覆性未来新技术应用的主要载体和重要场景，将带动产业发展史上规模空前的技术创新运动。

飞行汽车是对经济社会具有全局带动和重大引领作用的未来产业。飞行汽车是低空经济发展的核心交通运载工具，它的发展使得低空空域这片待开发的"富矿"成为新经济层，低空数字道路建设和智能运输形成风口，成为数字经济科技革命和产业变革的引领者。汽车产业是国民经济的支柱产业，规模大、产值高、带动强。目前，电动汽车的智能化已成为新一轮战略新兴产业布局必争之地。电动汽车的立体化即飞行汽车将为经济社会发展带来根本性的变革，成为支撑未来经济增长的主导性产业、决定未来发展方向的先导性产业、提升未来竞争力的前瞻性产业。

飞行汽车将推动相关未来产业集群发展。随着新一轮科技革命和产业变革向纵深推进，未来产业呼啸而来，布局未来产业成为不容错过的战略机遇。当今世界正经历百年未有之大变局，美国、日本、欧洲等发达经济体纷纷采取措施培育未来产业，以求在日益激烈的科技和产业竞争中占得先机。我国"十四五"规划纲要提出前瞻谋划部署未来产业。三维立体智慧交通的未来场景牵引，飞行汽车与新能源、新材料、新一代信息技术等的融合创新，将推动相关未来产业集群发展。这是当今我国能够和国际科技创新保持同步的领域，也是为数不多的重大创新机会之一。

第三章

问题瓶颈

第一节　主要问题

一、规则问题

飞行汽车作为电动垂直起降飞行器（eVTOL）使用形态时，从空中飞行的角度，应进行适航审定认证，包括航空飞行器设计的型号合格证（Type Certificate, TC）和航空飞行器制造的生产许可证（Production Certificate, PC），还有单机适航证（Airworthiness Certificate, AC）等；从交通管理角度，涉及空域管理和空中行驶规则，包括航线的制定、事故责任划分以及空中执法手段等一系列问题。作为地面汽车使用形态时，从道路行驶的角度，应具有机动车出厂合格证，满足汽车道路行驶的安全性技术标准。

现有航空飞行器或汽车的相关管理规则没有考虑飞行汽车的新技术应用，难以直接套用飞行汽车这一新型交通运载工具，需要研究和制定相应的法规标准和监管体系。同时，飞行汽车领域目前缺少相关的驾驶员认证规则，在驾驶培训体系上存在较大空白。飞行汽车的驾驶员监管规则较为缺乏，现有驾驶员管理体系没有囊括飞行汽车的驾驶员资质管理。数据安全规则方面，缺少对飞行过程中收集用户隐私数据行为的法规监管，容易对用户隐私权造成侵害。

二、市场问题

飞行汽车发展面临作为新生事物和颠覆性技术推广应用的市场问题。飞行汽车应用推广涉及低空智能交通以及立体智慧交通的基础设施、运营模式、经济成本、用户体验以及公众的接受程度。飞行汽车作为新生事物，应用了很多颠覆性新技术，将面临类似汽车刚出现时的处境。19世纪汽车刚刚问世时被人们视为洪水猛兽，美国人称汽车为"魔鬼的车"，欧洲报纸刊登汽车爆炸的漫画以图恫吓人们不要乘坐汽车，英国甚至在1858年专门制定实施《红旗法》（*Red Flag Traffic Laws*）来限制汽车的使用，成为世界上最早的道路交通法规。但科技进步的潮流终究是不可抵挡的，汽车最终代替马车成为人类主要的交通工具。飞行汽车发展需要建立相应的生态，目前在面临规则和技术等诸多瓶颈的情况下，飞行汽车宜先应用于载物场景，而后扩展至载人场景。低空物流是飞行汽车当前示范应用的最佳场景，既可以实现飞行汽车大规模应用，同时对时效性、安全性等要求又相对较低。飞行汽车载物应用过程中积累的数据和经验将为其提高安全性提供重要的信息支撑。载人示范应用的途径理论上应先从应急救援、娱乐体验、观光游览等专业特种领域入手，然后逐步走向大众运输领域。

三、技术问题

飞行汽车发展面临载荷航程、智能驾驶和适航安全等技术问题。无论是仅具飞行功能的飞行汽车还是具备陆空两栖功能的飞行汽车，本质上均为电动垂直起降飞行器（eVTOL）。目前典型的垂直起降飞行器为直升机，结构采用单旋翼且旋翼直径大，导致空间需求大、噪声高，无法满足在城市上空高密度使用的需求，且大规模使用成本高昂。飞行汽车采用电动化分布式推进，可有效简化传动结构，降低成本；多旋翼或多涵道风扇分布式推进则可大幅减小推进系统尺寸，降低噪声，提高推进效能并保证安全冗余度。相对于传统直升机，飞行汽车具有结构简单、安全冗余度高、噪声低、成本低和推进效率高等优点，但也需要解决电动化面临的载荷小、航程短、电安全、热安全、氢安全等瓶颈问题。作为面向低空智能交通和三维立体智慧交通的大众化交通运载工具，飞行汽车还需要解决高密度飞行智能无人驾驶等关键技术问题。

第二节　关键瓶颈

一、载荷航程

飞行汽车载荷应大于 100kg、航程应大于 100km。载荷小、航程短，成为飞行汽车走向实用化首先必须突破的关键瓶颈。飞行汽车按载荷可分为轻型、中型和重型三大类，轻型飞行汽车的有效载荷为 100～200kg，可乘坐 1～2 人；中型飞行汽车的有效载荷为 300～500kg，可乘坐 4～5 人；重型飞行汽车的有效载荷则可达 1000kg 以上。飞行汽车若用于城市内或城乡间载物或出行，航程需要保证在 100km 左右；若是用于城际间载物或出行等应用场景，航程则需要大于 500km。在同样的动力功率和有效载荷下，垂直起降飞行器航程远小于固定翼飞行器。电动垂直起降飞行器采用的新能源动力系统功率密度低，对于动力电池来说是比能量低，载荷小、航程短的问题更加突出。当前主流电动汽车的续航能力已经达到 500km 以上，但其动力电池用于载 1～2 人的电动垂直起降飞行器，续航时间可能只有 20min 左右。因此，载荷航程问题成为电动垂直起降飞行器走向实用化必须首先突破的关键瓶颈。同时，在电池瓶颈完全突破前，应积极探索基于现有硬件条件下的能跑能飞、多跑少飞等多模态运载技术，扩充飞行汽车高航程应用场景。

二、智能驾驶

飞行汽车是低空智能无人驾驶航空的主导载体，复杂气象、高密度飞行等安全性问题，是飞行汽车智能驾驶面临的主要瓶颈。低空飞行安全性是飞行汽车各项性能的核心，如同汽车智能驾驶技术有望减少汽车事故一样，低空飞行智能驾驶技术将有效提高飞行汽车的安全性。优步（Uber）发布的《城市空中交通白皮书》认为飞行汽车将比传统汽车更安全,通用飞机每乘客公里死亡人数(致死率)是私人驾驶车辆的2倍,而飞行汽车通过分布式推进和辅助智能驾驶技术,可将该比率降低至通用飞机的25%以下,即飞行汽车的安全性可提高至私人驾驶车辆的2倍。飞行汽车在起降时会接近地面、建筑物和人员,虽可能有空域限制并需要注意其他低空飞行器,但总体上飞行汽车低空飞行智能驾驶技术所面临的障碍环境没有汽车在地面行驶的环境复杂。与汽车智能无人驾驶技术相同,飞行汽车低空飞行智能驾驶功能主要包括感知、决策和控制3个部分。恶劣气象环境将严重影响低空飞行的安全性,恶劣气象环境下的感知、决策与控制以及在遇到不确定情况或错误时,飞行汽车无法像地面行驶汽车一样停在路边,如何提供短期恢复模式确保安全降落停靠,这是飞行汽车低空智能驾驶技术面临的最大挑战。

三、适航安全

适航安全是民用航空飞行器安全性的核心保障,是民用航空飞行器在预期的使用环境和使用限制内运行时的安全性、物理完整性,是政府出于对民众利益保护需要规定的安全底线。飞行汽车作为新型电动化、智能化航空飞行器,低空飞行安全性是其核心性能,所涉及的电安全、热安全、智能驾驶安全问题,对于航空适航安全来说是一个全新的领域。目前关于飞行汽车的电机、电池等关键部件以及电动化系统的安全性设计和适航性研究还不够深入。现有车规级电动化系统距离满足航规级安全性要求,还有很长的路要走。

BLUE BOOK
OF AIRCAR

第四章

核心技术

第一节　动力技术

动力技术是决定飞行汽车载荷航程和安全性的核心技术。动力系统是飞行汽车的"心脏"，发展飞行汽车，动力必须先行。飞行汽车动力主要包括新能源电动力系统、能量分配系统、动力电机和发电机。其中，新能源电动力系统可分为动力电池即纯电动力、燃料电池电动力和涡轮混合电动力等几种类型。动力电池和电机等是飞行汽车新能源电动力系统的核心关键零部件，其技术和产品发展主要来自电动汽车发展的需求牵引。新能源电动力系统功率密度低，导致飞行汽车载荷小、航程短，难以满足实用要求，且还存在电安全、热安全和低空工况适应性等问题。高功率密度、高效率、高适应性的电动化新能源动力技术，是飞行汽车动力技术的研究重点和主要发展方向。

第二节　平台技术

平台技术是决定飞行汽车使用性能和安全性的核心技术。平台技术主要包括飞行汽车的总体设计、结构设计和智能驾驶系统等技术。飞行汽车总体设计主要通过多旋翼、倾转翼、复合翼以及涵道风扇的综合气动布局和平台构型，实现高升力或高推力。飞行汽车结构设计的核心在于高强度轻质车体或机体结构设计技术，主要包括车身或机身轻量化等。对于陆空两栖飞行汽车来说，在构型上需要突破飞行器与汽车融合技术，实现底盘结构轻量化和多维多姿态碰撞安全性。飞行汽车智能驾驶系统与智能汽车驾驶系统技术类似，但飞行汽车须具备低空气象环境的感知、决策与控制能力。对于陆空两栖飞行汽车来说，智能驾驶系统技术需要满足空中和地面智能驾驶的需求，还要突破飞行与地面行驶自由切换等技术瓶颈。分布式推进、陆空相容的智能无人驾驶平台系统，是飞行汽车平台技术的研究重点和主要发展方向。

第三节　交通技术

交通技术是决定飞行汽车运行发展和安全性的核心技术。正如汽车出行需要有道路及道路交通管理体系一样，城市空中交通和城乡空中交通的低空物流或低空出行，需要具备包含气象信息的低空智能交通路网等基础设施和运行管理体系来支撑。以交通云平台系统与全空域信息协同技术为基础的智能调度是解决高密度飞行与路面通行管控的关键技术。需要突破地面道路与数字化空路融合技术，建设陆空一体的立体智慧出行解决方案和运营体系，为三维立体智慧交通提供支撑和保障。陆空一体、云网融合的立体智慧交通系统，是飞行汽车交通技术的研究重点和主要发展方向。

BLUE BOOK
OF AIRCAR

第五章

未来愿景

航空与汽车，两个行业看似相互独立，但从产业发展历程来看，两者有着较强的关联度。以电动化技术和飞行汽车为结合点，世界各大航空公司与汽车企业正在相互渗透、跨界融合发展。飞行汽车的应用场景牵引，将有效促进新能源电动力、新材料、新一代信息技术等的技术突破与创新，增强新一轮科技革命和产业变革引领能力。综合飞行汽车的技术和产业发展趋势，本书探索性提出飞行汽车发展的阶段性目标与发展愿景。

第一节　飞行汽车 1.0 发展阶段

预计到 2025 年左右，进入飞行汽车 1.0 发展阶段，新能源动力满足载荷航程基本要求，载物电动垂直起降飞行器开始商业化应用，成为城市和城乡低空物流的运载工具，将开启低空智能交通新时代。新能源电动力功率密度低导致的电动垂直飞行器载荷航程瓶颈问题将取得突破，奠定载物电动垂直起降飞行走向实用化的技术基础。载人电动垂直起降飞行器实现限定场景下点对点固定航线的低空载人出行示范应用，并在应急救援、旅游体验以及海岛运输等特殊应用场景中发挥独特优势。陆空两栖飞行汽车可能以分体式等构型，在航空运动和科学探索等特殊场景进行一定的应用尝试。未来低空运营面临着数量庞大、类型众多、性能各异的飞行器的调整，对于交通管理方的运营效率、运营资质、信息整合、基础建设、安全维护等均提出了极为严苛的要求，因此在 1.0 发展阶段就应开始搭建相应的运营架构与基础设施（如机场、应急迫降区、空中航道、通信链路）等关键运行维护机制。

第二节　飞行汽车 2.0 发展阶段

预计到 2035 年左右，进入飞行汽车 2.0 发展阶段，新能源动力载荷航程提高且适航安全性取得突破，载人电动垂直起降飞行器开始商业化应用，成为低空智能交通出行的运载工具。新能源电动力和低空智能无人驾驶的适航安全性问题将得到解决，奠定载人电动垂直起降飞行器商业化应用的技术基础；点对点固定航线的低空载人出行将逐渐实现规模化、商业化应用并提供个性化服务，成为解决大中型城市交通拥堵问题的重要途径之一。分体式陆空两栖飞行汽车将在地面无人驾驶环境较好的区域发展起来，形成陆空协同的立体智慧交通示范；一体式陆空两栖飞行汽车也将在某些场景下开始一定的应用示范。

第三节　飞行汽车 3.0 发展阶段

预计到 2050 年之前，进入飞行汽车 3.0 发展阶段，新能源动力智能化取得突破，电动垂直起降飞行器（eVTOL）和陆空两栖飞行汽车实现大众化应用，成为三维立体智慧交通的运载工具，将对人类出行方式带来颠覆性改变。"低空智能交通"与"地面智能交通"的融合问题将得到解决，突破陆空相容性问题而真正实现陆空一体的"立体智慧交通"。未来的汽车或将均具备飞行功能，陆空两栖飞行汽车将逐渐成为满足人们未来智慧出行需求的主导交通工具。

第六章

发展建议

第一节　明晰飞行汽车发展的技术路线

通过战略研究明晰飞行汽车发展的技术路线。新一轮科技革命和产业变革正在不断催生重大颠覆性技术，科技成果转化速度明显加快，产业组织形式和产业链条正在呈现垄断性越来越强的趋势，同时不稳定性和不明确性明显增加。飞行汽车是新生事物，产业形态新、行业跨度大、应用范围广、社会影响深，蕴含着重大战略发展机遇。从国际上看，飞行汽车已成为交通科技领域全球竞争的新焦点。需要加强顶层设计和战略谋划，专项研究我国飞行汽车的发展战略，明晰我国飞行汽车发展的战略方向、发展思路和总体目标，探索实施路径、梳理关键技术、突出重点任务、形成新型体系架构专题研究报告，制订科学的技术路线图及时间表，系统性规划重点领域的创新发展需求，为相关部门、行业和企业制定飞行汽车战略发展规划提供技术支持。

第二节　强化飞行汽车产业的需求牵引

明确飞行汽车产业需求，以需求为导向，促进飞行汽车技术发展及产业升级。围绕飞行汽车产业领域企业的共性技术需求，广泛整合产业链、创新链、供应链资源，深入开展产学研合作，以行业需求为牵引组织开展共性技术攻关，促进基础研究成果转化应用，赋能飞行汽车产业发展。推动飞行汽车相关技术创新驱动、高质量供给引领和创造新需求，以规模扩大、结构升级的内需牵引和催生优质供给。应考虑飞行汽车对产业规模以及成本的要求，可基于车规级供应链开发经验在航空器应用及适航规则需求方面进行适应性调整，进而增加基于大规模车规级运营数据的等效认可路径，以便于充分利用新能源汽车，尤其是三电（电池、电机、电控）与芯片领域目前的产业规模效应与优势。

第三节 突破飞行汽车发展的核心技术

通过专项攻关突破飞行汽车发展的核心技术。中国不但拥有集中力量办大事的体制优势，而且更加注重对未来产业的前瞻布局，更加鼓励对引领性科技创新的探索与攻关。飞行汽车是当今我国能够和国际保持同步的重大科技创新之一。需要结合飞行汽车的战略研究，通过设立飞行汽车研究专题项目，整合航空、汽车和交通等多个领域的优势资源，构建跨界融合的飞行汽车科技创新体系，开展重大问题的联合攻关，协同突破新能源动力、陆空两栖平台和三维智能交通等关键基础技术，统筹发展地面智能交通与低空智能交通的共性交叉技术。对专项攻关产生的技术成果，可采用"沿途下蛋"的方式，加速飞行汽车相关核心技术在真实场景中的应用和技术迭代。此外，还应建立可靠、全面的健康管理系统，建立健康管理技术，实现飞行汽车行驶状态下全面、可靠的在线自检和健康评估。

第四节 创新飞行汽车发展的产业形态

通过试点示范创新飞行汽车发展的产业形态。与战略新兴产业相比，未来产业所依赖的技术更具前沿性，产业化前景更不确定，但对经济发展的潜在推动力更强。需要强化场景牵引，支持科教资源与创新创业资源集聚，在产业基础雄厚的国内重点地区，建设一批飞行汽车未来产业创新发展试验区。支持试验区率先开展飞行汽车未来产业研究，布局飞行汽车未来产业。鼓励试验区与高水平高校团队、科研院所、科技领军企业建立利益共享、风险共担的合作机制，共同推进飞行技术研发与场景供给。通过在低空物流、观光游览和应急救援等领域的试点示范应用，促进产品迭代和配套体系建设，创新适宜飞行汽车发展的产业形态，打造飞行汽车发展的未来产业集群。增加基于大规模车规级运营数据的等效认可路径，充分利用新能源汽车产业发展的"搭便车效应"。

第五节 制定飞行汽车相关的政策法规

飞行汽车作为面向未来的交通工具，获得了国内外研究机构及政府管理部门的重视，但飞行汽车无论是在技术还是在理念上均区别于传统车辆及飞行器，其相关法律法规也无法通用，急需出台新型法律法规。飞行汽车"产品"方面，应考虑飞行汽车"空中及陆地"的复合工况，制定针对飞行汽车的适航审定政策。对属于广义飞行汽车范畴的电动垂直起降飞行器，符合条件的可推动特许飞行并授予型号合格证，依法发挥商业保险的保障作用，有利于行业的创新发展。飞行汽车"注册登记"方面，制定区别于传统汽车和通航飞行器的政策。飞行汽车"运行"方面，传统汽车遵循道路交通安全法，传统飞行器遵循民用航空法，但针对陆地行驶与空中飞行相融合的飞行汽车，应出台区别于道路交通安全法和民用航空法的法律法规，避免规范聚合问题，为飞行汽车的落地提供法律保障。飞行汽车"数据安全"方面，制定相关规定确保收集和使用的数据安全可靠，同时保护用户隐私。飞行汽车"驾驶员"方面，应设立专业的驾驶员执照考评体系，推动飞行汽车驾驶员培训规范系统化、完善化。飞行汽车"战略"方面，应参照新能源汽车产业发展的历史经验，尽早推动开展行业标准与法律法规的制定工作，在产业发展初期尽快抢占行业规则规范的先发优势，出台相应产业发展扶植政策，加大经济扶持力度，提升我国在国际飞行汽车领域的话语权。